I0749447

Mi Tiempo con el Altísimo

Explorando Éxodo

Por:

Tara La Sean

Traducido por:
Ahchwath Chananalah

Oración al Todopoderoso

Padre nuestro que estas en el cielo, santificado sea tu nombre Ahayah. Venga a nosotros tu reino, hágase Tu voluntad así en la Tierra como en el cielo. Danos hoy nuestro pan de cada día. Perdona nuestras ofensas, como también nosotros perdonamos a los que nos ofenden. No nos dejes caer en tentación y líbranos del mal, porque tuyo es el reino, el poder y la gloria por siempre.

Ahaya Bahasham Yashaya Wa Rawach

En el nombre del Padre, del Hijo y del Espíritu Santo, Amen.

LA PRÓXIMA GENERACIÓN

Tras la muerte de José y los hijos de Jacob el nuevo faraón que estaba al mando despreciaba todo lo que José había hecho por Egipto. Utilizando los capítulos 1 al 3 del libro de Éxodo identifica cuáles de estos argumentos son ciertos y cuáles son falsos.

1. _____ Cuando Moisés nació su madre lo escondió con ella durante seis meses.
2. _____ Los Israelitas edificaron para Faraón las ciudades Pitón y Ramesés.
3. _____ Ahayah le dijo a Moisés que lo llevaría a una tierra donde fluiría leche y miel, la tierra de los Israelitas.
4. _____ Cuando Moisés le pregunto al Altísimo su nombre El respondió: "Yo soy el que soy" en hebreo: "Ahayah Asher Ahayah".
5. _____ Faraón tenía miedo por todos los Israelitas que estaban naciendo en Egipto.
6. _____ Faraón ordeno a las parteras hebreas que mataran a todos los recién nacidos Israelitas.
7. _____ El padre y la madre de Moisés eran de la tribu de Judá.
8. _____ A la hermana de Moisés, Miriam le pagaron para que amamantara a Moisés.
9. _____ El Altísimo le prometió a Moisés que el Faraón les dejaría partir cuando El hiriera a Egipto con todas sus fuerzas.
10. _____ Moisés se casó con Séfora y tuvieron un hijo al que llamaron Gerson.

¡Ciertamente no yo!

En el capítulo 4 del libro de Éxodo Ahayah le dice a Moisés que debía ir a Egipto y decirle a Faraón que liberara a su pueblo. Sin embargo, Moisés comenzó a dar excusas sobre por qué no podría hacer esto. Menciona algunas de las razones que Moisés le dio al Altísimo. Explica cómo es esto importante para nosotros en el día de hoy.

¡Deja ir a mi pueblo!

Completa el crucigrama utilizando los capítulos 5 al 7 del libro de Éxodo.

Created with TheTeachersCorner.net Crossword Puzzle Generator

Across

2. El Altísimo dijo a Moisés: "Mira, yo te he constituido Dios para Faraón y tu hermano Aaron será _________".

3. Moisés le pidió a Faraón que liberara a su pueblo para que pudieran celebrar las _______.

5. Material que los Israelitas necesitaban para hacer ladrillos y el Faraón no les daba.

7. Moisés pensaba que Faraón no lo escucharía porque sus labios eran ___________.

8. Nombre de la tierra en la que el pueblo de Israel permanecía cautivo.

10. Nombre de la esposa de Aaron.

Down

1. Persona asignada por Faraón para supervisara a los Israelitas

4. El Altísimo escuchó el ______ de los hijos de Israel.

6. ¿En qué se convirtió la vara de Moisés?

9. Acuerdo entre Ahayah y los hijos de Israel.

¡Sacrificios a Ahayah!

C	O	U	T	E	P	R	E	P	P	X	A	N	S	C	R	X	T	U	W
O	B	G	P	Q	J	K	G	L	F	P	F	A	H	R	O	G	U	D	I
N	C	P	E	A	I	C	N	A	G	A	R	F	C	D	O	L	X	J	L
S	O	A	C	O	K	P	T	I	F	A	W	X	O	J	A	T	E	K	F
A	R	H	T	Q	R	J	S	M	I	O	F	C	N	A	M	H	N	G	Y
G	R	N	O	L	W	M	L	T	W	A	V	P	G	R	R	C	T	I	G
R	E	W	R	A	C	I	F	I	T	N	A	S	R	Q	I	V	R	S	C
A	C	Q	A	W	H	S	P	Z	E	W	T	Y	E	S	Ñ	T	A	A	F
R	E	A	L	E	F	O	D	K	Z	N	N	U	G	H	O	D	Ñ	C	R
F	B	W	R	O	L	U	C	Á	N	R	E	B	A	T	N	E	A	I	Z
E	I	Q	F	U	E	P	Q	B	P	A	M	K	C	G	E	Z	S	N	S
K	S	G	U	B	D	Q	M	U	I	T	I	N	I	M	S	Y	U	Ú	C
R	D	T	K	U	G	A	R	Z	P	L	T	H	Ó	A	O	H	F	T	Q
S	V	Z	A	L	O	I	V	V	O	A	S	X	N	R	L	L	P	R	R
I	Y	O	L	T	F	M	J	E	V	S	E	X	P	I	A	C	I	Ó	N
N	V	U	I	I	U	I	S	P	L	L	V	H	G	Q	J	O	F	Y	D
A	O	X	C	R	O	T	Y	R	L	R	H	F	H	A	N	O	I	W	Z
C	N	A	U	D	O	R	O	F	R	E	N	D	A	N	X	H	N	H	M
T	R	Q	S	L	H	A	L	S	U	U	J	M	E	M	D	Q	F	X	F
E	M	W	Q	Q	I	O	D	I	G	N	U	X	R	P	I	J	U	K	P

BECERRO
SANTIFICAR
TABERNÁCULO
PECTORAL
FRAGANCIA
CINTO RIÑONES
ENTRAÑAS
MITRA

CODO
CONSAGRAR
PURIFICAR
VESTIMENTA
TIARA
SIN
UNGIDO
TÚNICAS

ALTAR
PERPETUO
EFOD
ESTATUTOS
CONGREGACIÓN
LEVADURA
EXPIACIÓN
OFRENDA

¡QUE COMIENCEN LAS PLAGAS!

Elige una de las primeras <u>cinco</u> plagas de Egipto. Describe porque piensas que esa fue la plaga mas horrible de todas. Ofrece detalles sobre la plaga escogida. ¿Cuánto tiempo duró? ¿Qué hicieron los magos del Faraón? ¿Qué pensarían los Egipcios del Dios de los Hebreos? Incluye en tu respuesta la definición de lo que es una plaga.

Selecciona una de las últimas cinco plagas de Egipto y dibuja como crees que se veía Egipto durante ese periodo que ocurrió esta plaga.

La importancia de la Pascua...

Luego de leer el capitulo 12 del libro de Éxodo reconocemos como fue que se estableció la Fiesta de la Pascua. En tus propias palabras justifica lo siguiente: ¿Por qué esta fiesta es tan importante? ¿Como comenzó a celebrarse? ¿Cómo debería un Israelita conmemorar esta fiesta? ¿Alguna vez has celebrado la Pascua? ¿Cómo fue tu experiencia o que esperar cuando la celebres?

FUERA DE EGIPTO

Utiliza las palabras del cuadro para completar las oraciones. Utiliza la Biblia RVG, los capítulos del 13-16 del libro de Éxodo. Bono: Escribe el capítulo y el verso de cada escritura.

1. ________________ todo primogénito, cualquiera que abre la matriz entre los hijos de Israel, así de los hombres como de los animales; mío es.

2. Y dijeron a Moisés: ¿No había ________________ en Egipto, que nos has sacado para que muramos en el desierto?

3. Y el Ángel de Dios que iba delante de ellos de día en una ___________ de nube, para guiarlos por el camino; y de noche en una columna de fuego para alumbrarles; a fin de que anduviesen de día y de noche.

4. El enemigo dijo: Perseguiré, prenderé, repartiré _______________; mi alma se saciará de ellos; sacaré mi espada, los destruirá mi mano.

5. Y yo endureceré el corazón de Faraón, para que los siga; y seré __________ en Faraón, y en todo su ejército; y sabrán los egipcios que yo soy Ahayah.

6. En el sexto día recogieron doble porción de comida, dos ___________ para cada uno; y todos los príncipes de la congregación vinieron a Moisés, y se lo hicieron saber.

7. Y cuando mañana te preguntare tu hijo, diciendo: ¿Qué es esto? Le dirás: Ahayah nos sacó con mano __________ de Egipto, de casa de servidumbre.

8. Y toda la congregación de los hijos de Israel ________________ contra Moisés y Aarón en el desierto.

9. Condujiste en tu misericordia a este pueblo, al cual _________; lo llevaste con tu fortaleza a la habitación de tu santuario.

10. Y en la mañana veréis la _____________ del Altísimo, porque Él ha oído vuestras murmuraciones en contra del Altísimo; porque nosotros ¿qué somos, para que vosotros murmuréis contra nosotros?

Gomeras *Murmuro* *Sepulcros* *Fuerte* *Columna* *Santifícame*
Despojos *Salvaste* *Gloria* *Glorificaré*

Imagina que…

Supón que tu familia y tu, vivieron durante el tiempo que Ahayah dirigió a los Israelitas para salir de Egipto a través del Mar Rojo. Utilizando lo aprendido en el libro de Éxodo sobre como el Altísimo guió, proveyó y protegió a su pueblo. Describe cómo crees que hubiera sido seguir los pasos de Moisés mientras los egipcios les perseguían.

¿Quién soy?

Lee las siguientes declaraciones y determina cual es personaje histórico de Éxodo que se describe.

1. Soy hija del sacerdote de Madián. Circuncide a mi hijo Gersón con una piedra. ¿Quién soy?

____

____

2. Soy de la tribu de Leví y me convertí en el primer sacerdote bajo la dirección de mi hermano menor. ¿Quién soy?

____

____

3. Soy el gobernante de las tierras de Egipto. Ahayah endureció mi corazón en contra de su pueblo para demostrarles su fuerza y su poder. ¿Quién soy?

____

____

4. Mientras me daba un baño en el Rio Nilo encontré un bebe hebreo y lo adopté. ¿Quién soy?

____

____

5. Con mi mano poderosa guié a mis hijos de Israel para salir de Egipto. Aparecía en el día como una columna de nube y en la noche como una columna de fuego para alumbrarles. ¿Quién soy?

____

____

6. Mientras mi hermano cantaba himnos al Altísimo tomé un pandero y dirigí a las mujeres para que cantaran y danzaran para engrandecer a nuestro Dios. ¿Quién soy?

____

____

7. Somos levitas y fuimos los primeros sacerdotes. Nuestro padre era el sumo sacerdote. ¿Quiénes somos?

____

____

EL ARCA DE LA ALIANZA

Revisa la siguiente foto. Es una representación artística de cómo pudo haber sido el Arca. Utilízala como referencia para responder las preguntas.

Escribe el numero de cada elemento al lado de el lugar en donde corresponde en la fotografía.

1. Varas de madera
2. Cubierta de oro
3. Querubín
4. Coronas
5. Anillos

Responde las siguientes preguntas:

1. Menciona los tres artículos que se colocaron adentro del Arca.

   ____

   ____

2. Menciona al menos tres artículos hechos para colocar adentro del tabernáculo.

   ____

   ____

3. ¿Cuál era la medida del Arca? (indica el largo y el ancho, menciona las medidas bíblicas y la medida del sistema métrico actual)

   ____

   ____

4. ¿En qué lugar del tabernáculo se guardaba el Arca?

   ____

   ____

A Través del Desierto

Created with TheTeachersCorner.net Crossword Puzzle Generator

Across

4. Dos carneros jóvenes sin ______ deben ser sacrificados.

7. Punto de reunión de Ahayah en el desierto.

10. Leyes dadas a Moisés para el pueblo de Israel

Down

1. ¿En que vivían los israelitas?

2. Ídolo construido por los israelitas mientras Moisés estaba en el Monte Sinaí.

3. Acuerdo entre el Altísimo y los hijos de Israel.

5. Ave que comieron los israelitas.

6. Pan que el Altísimo dio a los israelitas para comer en el desierto.

8. Tipo de madera utilizado para construir el Arca de la Alianza.

9. Nombre del monte al que el Altísimo llevo a Moisés.

Ídolo de Oro

Utilizando Éxodo 32 responde las siguientes preguntas.

1. ¿Qué tipo de "dios" creo Aaron y con que material lo creo?

2. ¿Qué hizo Moisés con el ídolo de oro?

3. Lee Éxodo 32:33. ¿Qué significa esta escritura?

4. ¿Según Moisés qué pensarían los egipcios si Ahayah permitía que los israelitas murieran en el desierto?

PERFIL DE UN PATRIARCA

Moisés, Líder Justo e Involuntario

Las escrituras nos muestran que Moisés era un fiel seguidor de Ahayah y un gran líder. Hemos aprendido sobre su niñez en la casa de faraón, su partida de Egipto cruzando el Mar Rojo y como el Altísimo lo utilizo para guiar a su pueblo hasta Canaán. ¿Crees que conoces a este patriarca? Contesta las siguientes preguntas sobre Moisés y su vida.

1. ¿A quién mato Moisés? ¿Por qué?

   ____

   ____

2. ¿Quién retuvo las manos a Moisés durante la batalla? ¿Por qué?

   ____

   ____

3. ¿Qué utilizo la madre de Moisés para crear el arca donde lo puso en el rio?

   ____

   ____

4. Luego de pasar 40 días y 40 noches en la presencia de Ahayah ¿Qué tuvo que hacer Moisés mientras le hablaba al pueblo? ¿Por qué?

   ____

   ____

5. A que cinco grupos derrotaría Moisés según le prometió Ahayah para entrar a las tierras de Canaán?

   ____

   ____

6. ¿Cómo el Altísimo les proveyó alimento y bebida a los israelitas mientras estaban en el desierto?

   ____

   ____

El Rincón de las Mujeres de Sión

Miriam; la hermana original

Como muchos de nosotros Moisés tenia una hermana mayor. Como es usual su hermana mayor lo cuidaba y trataba de protegerlo aun cuando en ocasiones no estaba de acuerdo con él. Lee cada uno de los siguientes versículos en las Escrituras. Explica como Miriam fue un ejemplo para el mundo basándote en cada uno de los preceptos.

Ingeniosa Éxodo 2:7

Talentosa Éxodo 15:20

Líder entre las mujeres éxodo 15:20

Protectora Éxodo 2:4

Escrito Sobre Piedra

Escribe en orden los diez mandamientos en las tablas de piedra. Reto: Estudiantes avanzados ¡Escríbelos en hebreo!

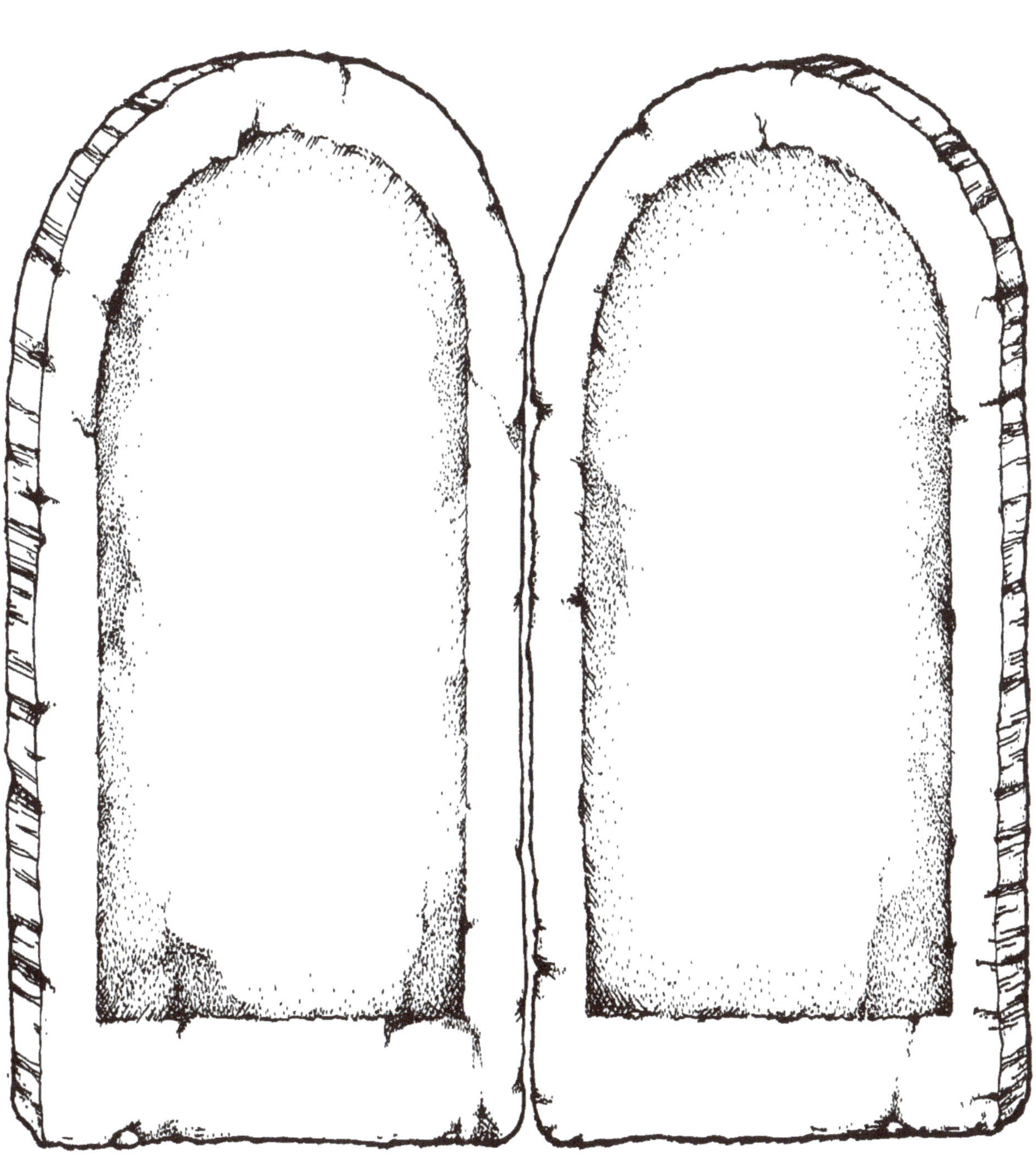

Los Diez Mandamientos

Ya conoces y escribiste los diez mandamientos. Ahora piensa como los seguidores de Yashaya deben obedecer los estatutos del Altísimo en la actualidad. Ofrece ejemplos de como las personas fallan en seguir estas leyes.

1. ______________________________

____

2. ______________________________

____

3. ______________________________

____

4. ______________________________

____

5. ______________________________

____

6. ______________________________

____

7. ______________________________

____

8. ______________________________

____

9. ______________________________

____

10. ______________________________

____

¿En qué parte del mundo?

Utilizando el mapa contesta las siguientes preguntas. Utiliza las Escrituras como referencia.

1. **¿En qué país se encuentra el Monte Sinaí?**

____

____

2. **¿Entre que ciudades los israelitas establecieron su campamento?**

____

____

3. **¿En qué dirección viajaron los israelitas cuando dejaron Egipto?**

____

____

4. **¿Qué fueron obligados los israelitas a construir en la ciudad de Ramsés?**

____

____

5. **Menciona los cinco cuerpos de agua presentes en el mapa.**

____

____

PERFIL DE UN PATRIARCA

Aaron; el hermano guardián.

Frecuentemente cuando las personas estudian el libro de Éxodo se enfocan en Moisés. En efecto el era un gran líder que tuv mucha ayuda terrenal de su hermano mayor. Comprobemos como Ahayah utilizo a Aaron para que apoyara a Moisés para sacar al pueblo de Egipto.

Durante la batalla con Abimelec, ¿Cómo Aaron apoyo a Moisés?

¿Quiénes eran los padres de Aaron?

¿Qué edad tenía Aaron cuando salieron de Egipto?

¿De qué tribu era Aaron?

Describe el mitre de Aaron:

¿Qué razón dió Aaron para hacer el becerro?

¿Quiénes eran sus hijos?

Menciona tres milagros que Aaron ejecuto con el poder de Ahayah:

¡STIFFNECKED EN EL NIVEL 10!

En el libro de Éxodo capítulo 32 Ahayah se refiere a los israelitas con el término "dura cérviz". Explica lo que significa este termino y da dos ejemplos de cómo los hijos de Israel se ganaron ese nombre. Piensa en algún momento de tu vida en el que te hayas comportado de esta manera y explica como podrías trabajar para ser mejor.

La Ley

Complete el crucigrama. Utiliza Éxodos 20 de ayuda.

Created with TheTeachersCorner.net Crossword Puzzle Generator

Horizontal

1. ¿Qué hizo Caín a Abel?
3. Nunca debes adorar _________.
4. No tomaras el nombre de Ahayah en ________.
5. No tendrás dioses _______ delante de Ahayah
8. Tomar lo que no es tuyo
9. Querer tener lo que es de otro.

Vertical

1. Lo opuesto a decir la verdad.
2. Mentir sobre alguien, como en el tribunal (3 palabras)
6. ¿Qué día debes recordar para santificarlo?
7. Lo que debes hacer con tus padres.

PAREO DEL TABERNÁCULO

Escribe la letra de cada partida al lado del problema.
¡usa el libro de Exodus para ayudar!

1. ________pectoral
2. ________ungüento santo
3. ________holocausto
4. ________candelero
5. ________medio ciclo
6. ________pan de la proposición
7. ________mesa
8. ________29 talentos
9. ________ónix
10. ________ofrenda

a. Pan sin levadura, tortas con aceite y hojaldres en manos de los israelitas.
b. Pan sin levadura que siempre debe ponerse en la mesa.
c. Hecho de oro, azul, purpura, carmesí y lino fino torcido.
d. Hecho de mirra, canela, cálamo, casia y aceite de oliva.
e. Piedras utilizadas para grabar los nombres de las 12 tribus de Israel.
f. En dirección hacia el sur.
g. En dirección hacia el norte.
h. Se colocaba por la puerta.
i. Dinero ofrecido por ricos y pobres.
j. Cantidad de oro utilizada para construir el Lugar Santo.

¡RECAPITULEMOS!

En el libro de Éxodo fuimos introducidos a personajes históricos maravillosos como Moisés, Aaron y Miriam. Hemos aprendido sobre el Gran Éxodo de los Hijos de Israel al salir de Egipto. Profundizamos sobre las plagas y la división del Mar Rojo, además de estudiar historia maravillosas de otras figuras israelitas. Toma unos minutos para pensar cual fue tu personaje histórico favorito del libro de Éxodo. Utilizando las siguientes preguntas como guía justifica tu elección.

1. ¿Quién? (describe la figura elegida)

____

____

2. ¿Qué sucedió? (narra su historia)

____

____

3. ¿Cuándo sucedió? (menciona en que momento histórico aparece)

____

____

4. ¿Dónde? (ubicación geográfica)

____

____

5. ¿Por qué? (explica porque es importante)

____

____

6. ¿Cómo? (narra cómo sucedió y como podrías aplicar este suceso en la actualidad)

____

____

Querida familia:

Espero que hayan disfrutado de esta parte de Mi Tiempo con el Altísimo tanto como disfrute yo al crearlo. El propósito de este cuaderno no es realmente "enseñar" sobre la biblia sino ofrecer una herramienta para el estudio personal. Mis más sinceras oraciones al Altísimo son que nuestros jóvenes desarrollen amos y pasión al tiempo con Nuestro Padre a través de la lectura de la Palabra, la oración, la reflexión y la meditación.

Como este cuaderno no es uno de educación formal no están disponibles rubricas de evaluación para el mismo. De todas maneras, las tareas escritas pueden realizarse de manera verbal o a modo de discusión entre los alumnos. El cuaderno fue creado con la intención de atender alumnos entre 5to y 8vo pero las tareas podrían adaptarse para atender edades mayores o menores dependiendo del caso. Sientas en la libertad de adaptar todas las actividades según su necesidad. El objetivo principal es el acercamiento diario con la Palabra.

Como punto informativo deseo dejarle saber que todas las imágenes fueron obtenidas en a través de la web. Son imágenes que están disponibles para el uso público y no están registradas bajo ningún autor o artista. Los crucigramas fueron creados a través de TheTeachersCornen.net. Con todo esto dicho no resta más que decirles que espero que disfruten de este formato.

Como siempre, le agradezco a mi hermana Chananalah por su arduo trabajo al traducir estos libros. ¡Eres muy apreciado!

Shalom,

Sis. Tara~

Respuestas

La nueva generación:

1. F
2. C
3. F
4. C
5. C
6. C
7. F
8. F
9. C
10. F

Fuera de Egipto

1. Santifícame
2. Sepulcros
3. Columna
4. Despojos
5. Glorificare
6. Gomeras
7. Fuerte
8. Murmuro
9. Salvaste
10. Gloria

¿Quién soy?

1. Séfora
2. Aaron
3. Faraón
4. La hija de faraón
5. Ahayah
6. Miriam
7. Eleazar
8. Itamar, Nadab, Abiú y Eleazar

El Arca de la Alianza

1. Diez mandamientos, vara de Aaron, envase de maná
2. Altar de ofrendas y holocaustos, fuente, mesa de la proposición, lamparas, altar del incienso, arca del pacto, propiciatorio.
3. 1.5 codos de alto y 2.5 codos de ancho
4. Santo de los santos

Pareo del Tabernáculo

1. C
2. D
3. H
4. F
5. I
6. B
7. G
8. J
9. E
10. A

¡Deja ir a mi pueblo!

Completa el crucigrama utilizando los capítulos 5 al 7 del libro de Éxodo.

¡Sacrificios a Ahayah!

BECERRO
SANTIFICAR
TABERNÁCULO
PECTORAL
FRAGANCIA
CINTO
RIÑONES
ENTRAÑAS
MITRA

CODO
CONSAGRAR
PURIFICAR
VESTIMENTA
TIARA
SIN
UNGIDO
TÚNICAS

ALTAR
PERPETUO
EFOD
ESTATUTOS
CONGREGACIÓN
LEVADURA
EXPIACIÓN
OFRENDA

A Través del Desierto

Across

4. Dos carneros jóvenes sin ______ deben ser sacrificados. (**defectos**)
7. Punto de reunión de Ahayah en el desierto. (**tabernaculo**)
10. Leyes dadas a Moisés para el pueblo de Israel (**mandamientos**)

Down

1. ¿En que vivían los israelitas? (**tiendas**)
2. Ídolo construido por los israelitas mientras Moisés estaba en el Monte Sinaí. (**becerrodeoro**)
3. Acuerdo entre el Altísimo y los hijos de Israel. (**pacto**)
5. Ave que comieron los israelitas. (**codorniz**)
6. Pan que el Altísimo dio a los israelitas para comer en el desierto. (**mana**)
8. Tipo de madera utilizado para construir el Arca de la Alianza. (**acacia**)
9. Nombre del monte al que el Altísimo llevo a Moisés. (**sinai**)

La Ley

Complete el crucigrama. Utiliza Éxodos 20 de ayuda.

Created with TheTeachersCorner.net Crossword Puzzle Generator

rizontal

1. ¿Qué hizo Caín a Abel? (**matar**)
3. Nunca debes adorar _________. (**imagenes**)
4. No tomaras el nombre de Ahayah en ________. (**vano**)
5. No tendrás dioses _______ delante de Ahayah (**ajenos**)
8. Tomar lo que no es tuyo (**robar**)
9. Querer tener lo que es de otro. (**codiciar**)

Vertical

1. Lo opuesto a decir la verdad. (**mentir**)
2. Mentir sobre alguien, como en el tribunal (3 palabras) (**dar falso testim**)
6. ¿Qué día debes recordar para santificarlo? (**sabado**)
7. Lo que debes hacer con tus padres. (**honrar**)

www.ingramcontent.com/pod-product-compliance
Lightning Source LLC
Chambersburg PA
CBHW041637050726
47507CB00026B/207
9780998567242